Maxime Du Camp

Le Salon de 1865

Critique

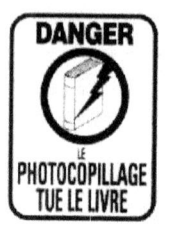
ISBN : 978-1720692973

10 9 8 7 6 5 4 3 2 1

Maxime Du Camp

Le Salon
de 1865

Critique

Table de Matières

Introduction	7
Section I	10
Section II	14
Section III	21
Section IV	34

Introduction

La mort depuis quelque temps ne s'est point montrée clémente pour les peintres dont les travaux avaient valu à l'école française une supériorité qui va s'effaçant de jour en jour. Nul encore, parmi les artistes actuels, n'a remplacé les maîtres regrettés qui ont laissé des exemples demeurés infructueux. Hippolyte Flandrin a été appelé vers les régions inconnues, où il a peut-être trouvé la confirmation des rêves religieux qui avaient soutenu sa vie et donné à son talent, naturellement un peu froid, quelque chose de mystérieux, de convaincu et d'honnête dont il paraît avoir emporté le secret avec lui dans la tombe. S'il y eut des peintres d'un tempérament plus riche, d'une imagination plus généreuse, d'une exécution plus brillante, il y en eut peu, en revanche, qui eurent pour l'art un respect plus profond ; lors même qu'il se trompa, il se trompa avec conviction, avec déférence pour les grands principes du beau éternel, et jamais il n'abandonna un travail, si peu important qu'il fût, avant de l'avoir amené au degré de perfection dont il était capable. En quittant cette vie, qui n'avait été pour lui qu'un long et courageux labeur, il put avoir la joie orgueilleuse de dire comme Horace : *Non omnis moriar* ! Son œuvre ne périra pas ; quelques-uns de ses portraits resteront comme des toiles de premier ordre, et *le Christ entrant à Jérusalem*, qu'il a peint dans l'église Saint-Germain des Prés, méritera toujours d'être comparé aux meilleurs tableaux de sainteté que la renaissance nous a légués. Un autre homme, qui avait compris l'art d'une manière toute différente, nous a quittés aussi pour toujours. Troyon est mort le 20 mars, au moment où le printemps, qu'il avait tant aimé, arrivait sur l'aile d'un aigre vent de nord-est qui soufflait trois degrés de froid. Il avait été long à dégager sa personnalité ; sa main, un peu lourde et souvent incorrecte, avait eu du mal à trouver son aplomb et à devenir tout à fait maîtresse d'elle-même. A force de travail et d'observation, il parvint cependant à se créer une originalité distincte et enviable. Souvent on l'a comparé à Paul Potter, et ce parallèle n'était pas toujours à l'avantage de ce dernier. Nul peut-être, parmi les artistes contemporains, ne sut, comme Troyon, allier la vérité et l'ampleur. Sa touche, très large, souvent même exagérée, par suite d'une faiblesse excessive de la vue, excellait à rendre les grands bœufs mélancoliques qui soufflent leur tiède haleine dans l'air frais du matin. Il fut un peintre *naturaliste* dans toute la force du terme ; il ne livra rien au hasard et demanda invariablement à la nature les documents sur lesquels il s'appuyait pour composer un tableau. Il fut un réaliste dans la bonne acception du mot, comme Flandrin fut un idéaliste. La mort de ces deux hommes de bonne volonté et de travail sincère laisse un vide qui n'est point encore rempli, car, hélas ! en regrettant que la mort ait été trop rapide pour eux, on ne peut pas dire avec le poète : *Uno avulso non déficit alter* ! Nul ne les a remplacés, et leur gloire manque singulièrement à l'école française, qui semble s'en aller à la dérive, au hasard du vent qui la pousse, comme un navire démâté qui n'a plus ni capitaine, ni matelots.

Quoique cet aveu nous coûte à faire en présence de l'Europe artiste qui sans cesse regarde de notre côté, il faut reconnaître avec douleur, mais dire avec courage que chaque année le niveau baisse. Une médiocrité implacable semble avoir envahi tout le monde ; c'est un *à peu près* général où rien de saillant ne vient révéler une originalité sérieuse, une tentative nouvelle, un effort vigoureux. Toutes les œuvres d'art que j'aurai à signaler cette année sont dues à des hommes connus depuis longtemps et qui tiennent imperturbablement la tête de cette troupe débandée qui ne sait où elle va. J'aurai aussi à faire remarquer avec tristesse que les étrangers nous envahissent et font des progrès qui sont inquiétants, car ils menacent de nous rejeter au second, sinon au troisième rang. Notre amour-propre national, qui est souvent plus excessif que justifié, nous porte à regarder comme Français les artistes qui vivent et exposent en France ; c'est un tort, et si nous comptions bien, nous serions peut-être fort surpris et un peu humiliés de reconnaître que les Suisses, les Allemands et les Belges tiennent à eux seuls une part considérable dans nos expositions. M. Knauss et certains Belges sont à la tête de la peinture de genre ; M. Gleyre, qui depuis longtemps ne se montre plus au public, est un des rares maîtres dont l'enseignement soit sérieux et profitable ; le seul effort de peinture historique est fait cette année par un Polonais ; un Allemand, M. Schreyer, a envoyé un des meilleurs tableaux du Salon, et le portrait le mieux peint est signé Rodakowski. Je crois que l'ennemi est aux portes ; l'écrivain à qui incombe la tâche ingrate de la critique ressemble à une sentinelle, et il est en droit de crier : Prenez garde à vous !

Ce qui me frappe surtout en parcourant ces longues salles où sont disposés avec ordre *trois mille cinq cent cinquante-quatre* objets d'art, c'est l'absence radicale d'imagination. Personne, sauf M. Gustave Moreau, dont j'aurai longuement à parler, ne semble s'être préoccupé de cette science élémentaire qu'on appelle la composition, et qui doit cependant tenir une si grande place dans une œuvre d'art. Qu'un tableau contienne un personnage ou qu'il en contienne vingt, il ne doit pas moins être *composé* en vertu de certaines lois générales qui règlent la pondération des lignes, l'association des nuances, la disposition des gestes et l'amplitude des draperies. Les artistes d'aujourd'hui comprendraient-ils, sans explication préalable, l'admirable agencement des lignes de rappel qui seules suffisent à faire un chef-d'œuvre de *la Transfiguration* de Raphaël ? A voir ce qu'ils produisent, il est permis d'en douter. Il me faut encore signaler cette tendance à l'imitation dont j'ai déjà été forcé de parler autrefois. Les artistes s'imitent les uns les autres et s'imitent eux-mêmes sans paraître se lasser. Chacun semble vouloir rétrécir son propre cercle, afin d'y tourner sans peine avec cette facilité et cette nonchalante insouciance que donne l'habitude. On copie, ou à peu près, les anciens, sans trop de vergogne. Dans la sculpture, je pourrais aisément reconnaître la *Vénus accroupie* et *Daphnis et Chloé*. Les peintres transportent sur la toile les statues des sculpteurs, et je sais un tableau qui reproduit exactement le *Jeune Faune* en terre cuite que M. Fremiet avait exposé l'année dernière. Où s'arrêteront ces emprunts, et n'accusent-ils pas une stérilité redoutable ? On se parque volontiers dans des spécialités hors desquelles on n'ose point se hasarder. Les artistes qui ont fait un voyage en ont pour leur vie entière à reproduire plus ou moins fidèlement les aspects des pays qu'ils ont parcourus. On pourrait diviser l'exposition en zones géographiques ; ici l'Algérie, là l'Asie-Mineure, plus loin la Bretagne, ailleurs l'Alsace ; quant aux Christophe Colomb de ces contrées accessibles, ils sont toujours les mêmes, et vous les connaissez. Les grandes routes sont dédaignées, les terres sans chemins font peur, les tout petits sentiers suffisent aux molles ambitions d'aujourd'hui.

Ai-je besoin de dire que dans presque toutes les œuvres

actuellement exposées l'esprit est absent ? J'entends ce souffle vivifiant qui fait d'un tableau, d'une statue, autre chose que la représentation brutale d'un fait, d'un personnage ou d'un point de vue. La main seule compte pour quelque chose ; elle domine le cerveau : l'esclave est devenue maîtresse. Parmi les artistes, je vois beaucoup de virtuoses et fort peu de créateurs. C'est l'invention cependant, au sens originel du mot, *invenire*, trouver, qui est par excellence le cachet d'un art quelconque. Si la seule mission de la peinture est de reproduire, ce n'est plus un art, c'est un métier ; Un homme de talent dont on ne récusera pas la compétence, Raymond Gayrard, a écrit : « Selon quelques artistes, fort estimables du reste dans une partie de leurs travaux, le matériel délimitation suffit pour produire des chefs-d'œuvre. Il est évident que ce n'est là envisager que le côté pittoresque, qui est le côté le plus étroit de l'art. Il y a avant tout, et au-dessus de tout, le côté moral, le côté poétique. » Rien n'est plus vrai. Sinon, dans M. Blaize Desgoffes, qui sait copier jusqu'à l'illusion un morceau d'ivoire, un pan d'étoffe, un verre plein de vin, il faudrait reconnaître le plus grand peintre des temps modernes, supposition tellement étrange qu'elle est inadmissible. Le sultan Mahomet II, étonné des victoires que remportait Scanderberg, fit prier le terrible Épirote de lui donner son épée. Le sultan ne fut pas moins vaincu, et comme il accusait Scanderberg de l'avoir trompé, celui-ci répondit : « Ce n'est pas mon épée qu'il te faudrait, c'est le bras qui la manie et la tête qui la dirige. » Quelle que soit l'habileté matérielle qu'un peintre puisse acquérir, si son cerveau n'est pas incessamment développé par l'étude et par la réflexion, elle lui sera aussi inutile que l'épée de George Castriota entre les mains de Mahomet II.

Section I

Jusqu'à présent, on pouvait encore espérer que la sculpture parviendrait à éviter cette dégénérescence qui saisit la peinture. La nécessité de certaines lignes, la rigidité imposante du marbre, lui avaient conservé quelque chose de sévère et de froid qui n'était pas sans grandeur. Nous avions eu plusieurs fois à indiquer des œuvres remarquables qui avaient mérité un rapide renom à leurs auteurs. Tout en constatant que nul encore n'avait fait oublier ou n'avait remplacé Pradier, Rude et David, nous avions pu, malgré des tendances parfois plus sensuelles qu'il n'aurait fallu, donner des éloges à des efforts consciencieux que le succès avait récompensés. C'était là du moins, à défaut de chefs-d'œuvre, que nous trouvions des preuves d'un travail austère et un certain idéal qui cherchait à s'élever au-dessus des productions vulgaires. Aujourd'hui la sculpture elle-même s'affaiblit ; elle aussi, elle paraît laisser avec insouciance baisser son niveau. Le nombre des statuaires de talent est-il donc diminué ? Beaucoup se sont abstenus, je le sais ; mais la moyenne est moins forte que celle des années précédentes, et dans l'immense jardin qui contient l'exposition de la sculpture je ne vois que deux statues dignes d'être recommandées à l'attention du public. L'une est le *Joueur de luth* de M. Paul Dubois, l'autre est l'*Aristophane* de M. François-Clément Moreau.

La médaille d'honneur pour la section de sculpture a été accordée par le jury à M. Paul Dubois. C'est justice, et les sculpteurs ont fait acte d'intelligence en donnant cette récompense à un homme jeune encore, qui semble doué d'un véritable talent. De plus, les sculpteurs ont fait preuve d'esprit et d'impartialité en choisissant ainsi un artiste qui n'était point au nombre des jurés. La section de peinture n'a point suivi ce bon exemple, et je n'ai point à examiner ici les raisons qui ont pu la porter à décerner la médaille à un membre de l'Institut, professeur à l'École des beaux-arts, officier de la Légion d'honneur, qui faisait lui-même partie du jury. Donner des épaulettes de capitaine à un maréchal de France me semble puéril ; les récompenses, selon moi, se méritent par une action d'éclat et ne se gagnent pas à l'ancienneté. Il me semble en outre qu'il est difficile d'être à la fois juge et partie, et que l'honneur d'être désigné ou élu au rang de juré est assez considérable en lui-même pour satisfaire les plus exigeants. Je suis obligé de rappeler un fait douloureux, mais il inspirera, j'espère, aux artistes chargés de voter les récompenses l'idée de prononcer certaines exclusions qui ne seront que justes et strictement convenables. En 1855, lors de l'exposition universelle, *tous* les artistes du jury se sont décernés à eux-mêmes une grande médaille d'or. Tous les industriels membres du jury se sont, dès le principe, déclarés inaptes à recevoir une récompense quelconque, fût-ce une simple mention honorable. L'effet produit par ces deux mesures si différentes, le parallèle qui en découlait forcément, furent désastreux pour les artistes. Je crois qu'au nom de leur propre dignité, je crois que, pour sauvegarder sérieusement l'indépendance de leur vote, ils doivent déclarer que, nul n'étant admis à être juge en sa propre cause, le titre de juré emporte nécessairement la mise hors concours. J'ai bien peur de prêcher dans le désert ; je le regretterais, car j'estime que le caractère n'est point inutile au talent.

Je me suis laissé entraîner par un incident qui n'est point sans gravité, et je reviens à M. Paul Dubois. Il s'était déjà fait connaître par un Narcisse et un *Saint Jean* dont il a été parlé dans la *Revue* avec les éloges qu'ils méritaient. Le *Joueur de luth* prouve chez M. Dubois une flexibilité de talent et une science d'observation qu'il est bon de noter. Je n'affirmerais point que l'enfant qui a servi de modèle au *Saint Jean* ne soit pas le même qui ait posé pour le *Joueur de luth* ; il me semble reconnaître dans la bouche et dans les yeux des traits que j'ai vus déjà, et qui, par leur accentuation même, ne peuvent échapper au souvenir. Ceci n'est même pas une critique, c'est une remarque, car il y a dans l'attitude générale et dans le faire des deux statues des différences essentielles qui indiquent des études dirigées par une excellente volonté. A proprement parler, le sujet appartient plutôt à la peinture qu'à la sculpture : ce n'est qu'une statuette, mais elle est charmante ; on dirait qu'en la modelant le sculpteur écoutait les conseils de Donatello. Ce n'est pas un pastiche cependant, quoique cette œuvre soit inspirée par des réminiscences de la fin du XVe siècle. Le petit personnage, élégant et svelte, serré dans des vêtements collants qui dessinent sans l'alourdir l'aimable gracilité de sa jeunesse, est debout, porté sur la jambe droite ; il chante, les yeux baissés, en regardant son luth. Son épaisse et forte chevelure, s'échappant de son toquet, donne un caractère grave et concentré à sa physionomie. Les yeux légèrement renfoncés sous l'arcade sourcilière, la fermeté des lèvres, la saillie des pommettes, indiquent un portrait copié sur nature et modifié selon les besoins de l'expression que l'artiste cherchait ; les mains, à la fois fines et osseuses comme celles des enfants qui vont entrer dans l'adolescence, sont traitées d'une façon remarquable ; point de duretés aux emmanchements du poignet, point d'angles désagréables au coude ; tout a été étudié, corrigé et rendu avec soin. Les lignes ont une sobriété magistrale qui est évidemment le résultat d'une idée simple fortement conçue. Tout en donnant beaucoup à l'élégance, M. Dubois a su ne point tomber dans l'afféterie, ce qui est un écueil où bien d'autres, et des meilleurs, ont succombé. Le *Joueur de luth* fait bien ce qu'il fait ; il est là pour chanter et non point pour se faire voir : il n'a rien de théâtral, rien de *poncif* ; il est naturel en un mot, il ne pose pas, et c'est là le plus vif éloge qu'on puisse adresser à une statue. Le *Joueur de luth* est, je le reconnais, d'un art moins élevé que le *Saint Jean*, mais il est plus délicat ; il y a là une nuance qui n'a point échappé à M. Dubois, et dont il faut lui tenir compte. Il a compris très nettement la différence des personnages, et a su la rendre avec une sûreté de main peu commune. Le *Saint Jean* était un petit illuminé, un mystique inspiré qui marche à grands pas, poussé par une mission qui le domine et le chasse en avant ; le *Joueur de luth* au contraire est plein de grâce : s'il écoute une voix, c'est celle de l'instrument qui vibre sous sa main ; il est jeune, il est vivant, très capable encore de sauter à la corde ou de balbutier, en devenant rouge comme une cerise, sous le regard d'une femme. A le contempler longtemps, on croirait voir un des charmants personnages de Masaccio descendu de sa fresque et monté sur un piédestal. La statue est en plâtre, l'ébauchoir a donné tout ce qu'il avait à donner ; que fera le ciseau ? J'espère en effet que M. Dubois exécutera en marbre cette jolie statuette ; la faire couler en bronze, ce serait l'alourdir, enlever à ses contours leur finesse et leur élégante harmonie.

L'*Aristophane* de M. Clément Moreau est d'un genre plus sérieux. C'est une statue en plâtre de grandeur naturelle. Le poète est assis, tenant dans ses mains sa jambe gauche repliée et appuyée sur le genou droit. Comme on le voit, la pose est très simple et offre un ensemble de lignes qui se combinent facilement entre elles. Le personnage serait tout à fait nu, sans un bout de draperie qui lui entoure les reins. L'étude de sa musculature a été visiblement très soignée. Le modelé général ne se rapporte pas très bien à celui de la barbe et des cheveux, qui accuse quelques sécheresses qu'il sera facile de faire disparaître après la mise au point. Ce que j'aime le moins dans toute la statue, c'est le visage même d'Aristophane : M. Moreau en a fait un satirique plutôt qu'un poète comique. Dans cette figure un peu grimaçante, trop souriante, qui rappelle celle de certains faunes, je ne vois que le railleur, et je ne retrouve pas le rêveur triste et profond qui riait si bien des choses pour n'avoir pas à en pleurer, et qui dans certains chœurs, notamment dans ceux des *Oiseaux*, s'est élevé à une hauteur de poésie qui a été rarement atteinte et n'a jamais été surpassée. Je voudrais plus d'ampleur dans la face, plus de rêverie concentrée dans le regard, plus de mélancolie sur les lèvres. Dans Aristophane, il y a autre chose que l'éclat de rire et l'obscénité : il y a une force philosophique considérable. Il suffit de voir de quelle façon il traite les dieux pour le comprendre : c'était le libre penseur par excellence, et c'est pour cela que j'aimerais à trouver dans ses traits moins de malice et plus de grandeur. Si M. Moreau exagérait si peu que ce soit l'expression qu'il a donnée à son personnage, il en ferait un Diogène. En somme, cette observation, qui est plutôt littéraire que plastique, n'infirme en rien le mérite de la statue, qui est remarquable sous plus d'un rapport, et qui sans doute paraîtra meilleure encore lorsque nous la reverrons exécutée en marbre à une prochaine exposition.

Section II

La peinture religieuse s'en va, et cela se comprend, car elle ne répond à aucun besoin ; elle n'est plus qu'une fiction consentie à laquelle personne ne croit ; elle n'a plus d'autre but, d'autre raison d'être que de servir d'ornement aux murs des chapelles. En dehors de certaines commandes nécessitées par les exigences de la décoration des églises nouvellement construites, nul peintre n'imaginerait, *proprio motu*, de peindre un tableau religieux. Plus nous allons, et plus les représentations plastiques des scènes de l'Ancien et du Nouveau Testament deviennent rares. Plus rares encore sont celles qui méritent quelque attention. Dans ce genre ingrat, qui excite généralement peu d'intérêt et lasse promptement la curiosité, je ne vois cette année que trois œuvres qui se rattachent à l'art par la façon dont elles ont été comprises et exécutées. La première est un tableau de M. Delaunay, les autres sont deux très beaux dessins de M. Bida.

Il y a deux façons de comprendre la peinture religieuse : l'une qui consiste à suivre servilement la tradition moderne telle que la renaissance nous l'a léguée après l'avoir créée ; l'autre, plus difficile, qui, se préoccupant avant tout de la vérité, prend ses types dans la nature réelle, brise avec la convention acceptée, applique à l'art une sorte de méthode expérimentale et entre courageusement dans la sincérité historique et naturelle. Ce sont là, il faut le reconnaître, deux écoles fort distinctes ; l'une a pour elle la consécration du temps, l'autre a pour elle la saine raison. M. Delaunay appartient à la première ; on peut dire de M. Bida qu'il est le chef de la seconde. La lutte fut longue avant de savoir s'il était permis de représenter Dieu ; la raconter serait intéressant, mais nous écarterait trop du Salon. Aux symboles divers, au poisson anagrammatique que préféraient les premiers chrétiens, presque tous iconoclastes par esprit de réaction contre le paganisme, le concile quinisexte, tenu à Constantinople en 692, permit de substituer des images peintes de Jésus-Christ. On se mit en quête alors de fixer d'une façon définitive les traits du fils de la Vierge : grande dispute ; c'était le plus beau des enfants des hommes, disaient les gnostiques ; il en était, par humilité, le plus hideux, répondaient les manichéens. On avait conservé des images miraculeuses, portraits achéiropoïètes, que l'on consultait ; on répétait le prétendu signalement envoyé de Judée par Lentulus : « Ses cheveux ont la couleur du vin et jusqu'à la naissance des oreilles sont droits et sans éclat, mais des oreilles aux épaules ils brillent et se bouclent ; à partir des épaules, ils descendent dans le dos, distribués en deux parties à la façon des Nazaréens. Front pur et uni, figure sans tache et tempérée d'une certaine rougeur ; physionomie noble et gracieuse. Le nez et la bouche sont irréprochables. La barbe est abondante, de la couleur des cheveux et fourchue. Les yeux sont bleus et très brillants. » De son côté, saint Jean Damascène a fait du Christ le portrait suivant : « taille élevée, sourcils abondants, œil gracieux, nez bien proportionné, chevelure bouclée, attitude légèrement courbée, couleur élégante, barbe noire, visage ayant la couleur du froment, comme celui de sa mère ; doigts longs, voix sonore, parole suave, » C'est d'après la première de ces descriptions que l'empereur Constantin a fait peindre les portraits de Jésus-Christ ; ils sont restés comme un type hiératique, comme un canon sacré dont l'église grecque orthodoxe ne s'en est pas encore éloignée aujourd'hui. Jusqu'à l'époque de la renaissance, ce type primitif a été assez bien conservé ; mais alors, dans la folie d'antiquité et de paganisme qui saisit tout à coup les artistes, le Jésus légendaire fut dédaigné, et on lui substitua simplement le Jupiter olympien. Le Christ ne fut plus un Juif, il devint un Grec : inconséquence flagrante qui dure encore de nos jours, ainsi que nous pouvons nous en convaincre en regardant *la Communion des Apôtres* de M. Delaunay.

« Et comme ils mangeaient, Jésus prit du pain, et, ayant rendu grâces, il le rompit et le donna à ses disciples et dit : Prenez et mangez, ceci est mon corps. » C'est dans ce verset de saint Matthieu que M. Delaunay a choisi le sujet de son tableau : Jésus debout offre le pain à ses disciples, comme le prêtre donne l'hostie aux communiants. Il n'y a rien de cela dans le texte, le mot *prenez* indique même qu'il y a le contraire ; mais cela est peu important, et je ne chicanerai pas M. Delaunay sur son interprétation ; elle rentre dans les traditions plastiques dont je parlais plus haut, et comme telle elle lui appartenait. Les apôtres entourent le Christ nimbé et font autour de lui une sorte de cercle dont il est le centre. La chambre est basse, les poutrelles du plafond descendent presque à hauteur des têtes ; au fond, par les baies ouvertes, on aperçoit la campagne. Les personnages, resserrés en un espace étroit, se tassent trop les uns contre les autres ; la lumière n'est pas abondante, cela tient sans doute à ce que le crépuscule va descendre pour annoncer la dernière nuit du rédempteur. Le sentiment est doux et triste comme il convient au sujet ; le coloris n'a rien de tapageur, il est trop vineux peut-être, mais il a été conçu dans une gamme tendre, un peu étouffée, et qui ne manque point de mystère. Ce tableau est honorable ; ce n'est point un chef-d'œuvre, mais il est évidemment d'un peintre qui respecte son art et qui a eu souci d'un idéal élevé. Cependant ce n'est qu'une réminiscence, réminiscence de Raphaël vu à travers l'école de Bologne, école théâtrale et pompeuse, remarquable si on la compare à l'école française, où Jouvenet chercha à la faire prédominer, médiocre si on la met en regard des autres écoles italiennes. Cette école bruyante n'a produit qu'un peintre réellement hors ligne, c'est Francesco Francia, son créateur ; tous ceux qui vinrent après lui, le Dominiquin, le Guerchin, le Guide, les Carrache, sont des rhéteurs désagréables, qui remplacent le génie qui leur manque par la lourdeur du coloris et l'exagération des attitudes. Il y a donc lieu de regretter que M.

Delaunay ait été emporté, à son insu sans doute, vers l'imitation de ces maîtres inférieurs. J'aurais voulu qu'il choisît des exemples plus sévères, plus châtiés, visant plus haut. Ce qu'il a besoin d'étudier avant tout, ce sont les dessinateurs, ceux qui ont compris et prouvé que la ligne, c'est-à-dire la forme, est l'œuvre mère et, pour ainsi dire, l'armature d'un tableau. Avec la couleur, on peut produire une certaine illusion, abuser facilement, escamoter même un certain succès de vogue ; avec la ligne, on ne le peut jamais. M. Ingres a dit une fois : Le dessin, c'est la probité ; nulle parole n'est plus vraie. C'est vers l'étude assidue de la ligne que j'engage M. Delaunay à se tourner. S'il veut bien regarder impartialement la main qui relève les cheveux de sa petite *Vénus*, il comprendra que mon conseil n'a rien de superflu.

M. Bida, ainsi que je l'ai indiqué plus haut, s'est jeté absolument hors de la tradition reçue, et je ne saurais trop l'approuver. Quand on est, comme lui, en possession de son instrument, quand on est un maître du crayon, il est d'un bon exemple de sortir des voies battues et de tenter les routes nouvelles. Ayant à interpréter deux scènes tirées des Évangiles, il a mis de côté la vieille défroque des draperies de convention ; il a pensé avec raison que les Juifs du temps de Jésus n'étaient point positivement vêtus comme des sénateurs romains ; il a, sans bien longues réflexions, compris que la race sémitique, à laquelle appartenaient tous les héros du Nouveau Testament, était essentiellement différente de celle de Japhet. Il a pu se convaincre par lui-même que l'Orient est le pays de l'immobilité ; il a vu, par comparaison, que les costumes, les usages, les mœurs décrits dans la Bible étaient les mœurs, les usages, les costumes d'aujourd'hui. Une lecture attentive des Écritures saintes lui a prouvé que, sauf les imprécations des prophètes et les plaintes des psaumes, elles ne contenaient que des récits familiers où l'épopée ne tenait aucune place ; il s'est demandé sans doute si jusqu'à présent on ne s'était pas trompé en reproduisant indéfiniment les personnages que les peintres de la renaissance avaient consacrés ; il a été honteux de voir l'art qu'il honore par son talent tourner toujours dans le cercle étroit d'une servile et trop commode imitation, et, rompant en visière avec les us absurdes où la paresse naturelle aux Français nous a retenus si longtemps, il a résolu de représenter les différentes scènes de la

Bible en s'appuyant sur les textes, sur la tradition locale, sur l'étude du pays et l'observation de ses différents types. Un tel projet peut paraître ambitieux, mats les deux magnifiques dessins exposés aujourd'hui affirment hautement qu'il n'avait rien d'excessif, que M. Bida a bien fait de le concevoir, et qu'il a triomphé de toutes les difficultés qu'il a dû rencontrer.

Ces deux dessins, exécutés au crayon noir, ont une importance que bien des tableaux, et des meilleurs, seraient en droit de leur envier. Il est facile de voir au premier coup d'œil que M. Bida est un familier de l'Orient et qu'il a vécu en Palestine. A notre époque, époque critique par excellence, où l'on demande volontiers aux choses leur raison d'être, il me paraît impossible de faire un tableau religieux historique, reproduisant un des faits racontés par les Écritures saintes, sans avoir parcouru ce qu'on appelle en style officiel « le théâtre des événements. » La Judée est, pour ceux qui ont su la voir, le plus admirable commentaire de la Bible qu'on puisse consulter. Toutes les obscurités se déchirent, chaque aspect du pays est une preuve, chaque usage une confirmation, chaque coutume un développement. Le livre et la vieille patrie hébraïque sont indissolublement liés, il est difficile de comprendre l'un sans l'autre ; lorsqu'on les met en présence, ils s'expliquent, se complètent, se racontent et ne gardent plus aucun secret. A ce double, point de vue, M. Bida est un initié ; il sait ce que c'est que la robe sans couture ; il a entendu, comme le prophète irrité, sonner les hauts patins des femmes de Jérusalem ; il a rencontré des santons hérissés qui lui ont rappelé Jean le Baptiste ; il a vu des enfants courir après un vieillard qui avait perdu son turban et crier : Ah ! ce chauve ! Il a dormi sous la tente de Booz ; à Gasser Beneck-el-Yakoub, il a aperçu de longs troupeaux semblables à ceux du rusé Jacob et marchant au bruit des grelots. Si on lui lit le verset tant commenté de l'Exode : « Quand vous verrez les enfants des femmes des Hébreux et que vous les verrez sur la chaise, si c'est un fils, mettez-le à mort, » il pourra dessiner *la chaise* et dire à quoi elle sert, car il en a vu beaucoup, non-seulement en Égypte, mais dans les différentes contrées de l'Orient qu'il a visitées. M. Bida en effet n'est pas seulement un artiste remarquable, c'est un lettré instruit ; tout en observant le côté pittoresque qui lui importait, il a étudié les mœurs et pénétré profondément dans la vie des peuples qu'il côtoyait en passant. Grâce à son esprit juste, à sa sagacité et à un travail constant, il lui a été permis de reconstruire pièce à pièce l'existence des hommes dont il voulait raconter l'histoire avec son crayon ; ses paysages, ses vues de villes, ses costumes, ses types sont exacts comme des photographies. Cette nouvelle et très sérieuse méthode d'interprétation portera-t-elle ses fruits et trouvera-t-elle des imitateurs parmi les artistes qui gardent encore quelque souci de la vérité et de l'histoire, parmi ceux qui sont assez bien doués pour voir dans un tableau autre chose qu'un motif à colorations agréables ou à lignes imposantes ? Je l'espère plus que je ne le crois. Un exemple, si bon qu'il soit, est rarement fertile en France, lorsque pour le suivre et s'y conformer il faut entreprendre des études nouvelles et renoncer aux douceurs paresseuses d'une tradition qu'on entoure de respects d'autant plus grands qu'il est plus commode de ne point s'en écarter. Quoi qu'il en soit, le *Départ de l'Enfant prodigue* et *Paix à cette maison* (saint Luc) sont une tentative très généreuse et très hardie dont il convenait de faire ressortir la gravité exceptionnelle. Ce ne sont pas seulement deux très beaux dessins, on sait que M. Bida est coutumier du fait ; c'est l'essai d'une révolution attendue depuis longtemps par ceux qui s'étonnent que la peinture historique ait été depuis tant d'années le travestissement systématique de l'histoire. La draperie des vêtements orientaux est aussi belle, aussi *abstraite* que celle des toges romaines ; les types de la race sémitique sont aussi beaux et offrent autant, sinon plus de ressources, que ceux des modèles de la Piazza-di-Spagna ; les paysages de la Palestine et de la Syrie ont des aspects aussi variés et autrement grandioses que la campagne de Rome et les montagnes de la Sabine. Il me semble qu'en entrant courageusement dans la voie nouvelle ouverte par M. Bida, les artistes trouveront des forces qu'ils ne soupçonnent pas et qu'on aura fait faire un grand progrès à la peinture historique. L'histoire, l'archéologie, la philologie, la critique, l'étude de la nature, ont fait des pas de géant depuis le XVIe siècle : pourquoi la peinture resterait-elle stationnaire, et pourquoi se refuse-t-elle obstinément à profiter des documents que la science s'épuise en vain à mettre à sa portée ? On dit : Les maîtres ont fait ainsi. Soit ; mais s'ils revenaient, ils feraient autrement, soyez-en certains. Ils étaient dans la science historique de leur époque, ils faisaient consciencieusement ce qu'ils croyaient être la vérité ; en les imitant jusque dans les fautes d'ignorance qu'ils ont involontairement commises, nous n'avons aucune excuse à invoquer, et nous nous rendons sciemment coupables d'erreurs grossières qui donneront singulièrement à rire à nos petits-enfants.

Il est utile de conserver la tradition, je le sais et ne l'ai jamais contesté, mais à la condition d'ajouter chaque jour un anneau à la chaine et de la conduire insensiblement ainsi jusqu'à nos jours ; c'est seulement de cette manière qu'elle peut rester la tradition, et cependant avoir été améliorée par les découvertes successives que la science ne cesse de faire. Il est bon d'imiter les maîtres, je n'en disconviens pas non plus, mais à la condition de faire mieux qu'ils ne faisaient, car forcément nous devons en savoir plus qu'eux. Burton a écrit : « Les anciens étaient des gens de science et de philosophie, soit, je veux l'admettre ; mais, à l'avantage des modernes, je dirai avec Didacius Stella : Un nain sur les épaules d'un géant peut voir plus loin que le géant lui-même. » Cette maladie d'imitation quand même est vieille comme le monde, et déjà dans son temps Marc-Aurèle pouvait écrire : « Il ne faut pas recevoir les opinions de nos pères, comme le feraient des enfants, par la seule raison que nos pères les ont eues. »

Je crois que, si les artistes pouvaient se dégager de certaines admirations trop exclusives, ils y gagneraient une indépendance d'allure, qui leur fait défaut aujourd'hui. Cette admiration servile peut nuire à leur talent, le voiler pour ainsi dire, et l'empêcher de développer tous ses moyens. Il y en a parmi eux qui en arrivent à imiter des tableaux vus à travers la patine noirâtre et regrettable que le temps et les vernis chancis leur ont donnée. Je prendrai pour exemple M. Ribot. Certes son talent n'est pas contestable ; peu d'hommes possèdent une habileté matérielle égale à la sienne ; sa brosse a d'enviables fermetés. Il peint d'une façon magistrale et certaine qui est faite pour plaire, son modelé est excellent, et l'on peut, malgré ses défauts de surface, reconnaître en lui les qualités d'un coloriste de premier ordre ; mais pourquoi son admiration mal raisonnée pour Ribeira le pousse-t-elle à des excès de colorations noires que. rien ne peut justifier ? Ses tableaux ressemblent à des toiles du maître espagnol qu'on aurait, pendant cinquante ans, oubliées dans la boutique d'un charbonnier. Il en sera des tableaux de M. Ribot ce qu'il en est des tableaux de Valentin, ils seront indéchiffrables. Le noir est une couleur persistante, très dangereuse, qui a une tendance fatale à envahir et à noyer les nuances qui l'avoisinent. Tous les tableaux que Valentin a peints jadis sur fond noir pour leur donner immédiatement un relief plus accentué sont aujourd'hui brouillés, méconnaissables, plaqués de larges taches, dévorés dans leurs contours et leur coloration. Je signale ce danger à M. Ribot ; il est sérieux, il est redoutable. Dans vingt ans, plus tôt peut-être, son *Saint Sébastien*, dont la gamme sombre des personnages est encore glacée de noir, ressemblera à ces plaques daguerriennes primitives qu'on ne savait comment examiner dans leur vrai jour. M. Ribot voit noir, ceci n'est point douteux, absolument comme le Parmesan voyait blond. C'est un défaut, un très grave défaut, qu'il lui est facile de reconnaître et de corriger lui-même. Le concert qu'il a intitulé *une Répétition* est exécuté de la même manière, avec la même habileté grave et forte, mais aussi avec la même coloration déplorable. On dirait que, le tableau terminé, M. Ribot a pris plaisir à le gâter en le frottant d'un vernis noir spécialement fait pour détruire l'harmonie des tons en les perdant tous sous une teinte d'encre insupportable à voir. Il y a péril en la demeure, et M. Ribot, s'il continue, perdra tous les bénéfices d'un talent déjà considérable et qui peut grandir encore. Je voudrais, ne fût-ce que pour en faire l'expérience et lui prouver combien j'ai raison, qu'il consentît à peindre un tableau, un seul, sans employer ces noirs voulus et désastreux qui détruisent son œuvre. Il serait surpris lui-même des résultats qu'il obtiendrait, et il prendrait immédiatement parmi les artistes une place qu'il mérite, et que sa déplorable manie l'a empêché d'occuper jusqu'à présent. M. Ribot ressemble à un ténor qui s'emplirait la bouche de bouillie avant de commencer à chanter. C'est un suicide, et il est vraiment douloureux de voir un tel talent s'annihiler ainsi de gaîté de cœur et en vertu d'un parti-pris inexcusable.

Section III

C'est moins le sujet en lui-même que la façon dont il est traité qui constitue la peinture d'histoire ; il y a des tableaux de vingt pieds de long qui appartiennent à la peinture de genre, tandis que certaines toiles, certains dessins, — j'en aurai un à citer, — rentrent par la noblesse de leur style dans la grande peinture. L'an dernier, *Œdipe et le Sphinx* appartenait à la peinture épique ; M. Gustave Moreau, en faisant ce qu'on pourrait appeler sa rentrée après une longue abstention, avait voulu frapper un coup décisif, il avait réussi. Il savait, comme Winckelmann, que « dans tous les arts il faut toujours donner le plus haut ton, attendu que la corde baisse toujours d'elle-même. » Malgré une certaine réaction peu justifiée qui déjà se fait sentir autour de M. Moreau, je trouve que les deux tableaux envoyés par lui au Salon de 1865 sont conçus et exécutés dans le même esprit qui lui a valu son succès. J'aurai cependant plus d'une réserve à faire ; mais dans ces œuvres nouvelles je retrouve le même respect de l'art et de soi-même, la même recherche du beau, la même préoccupation d'un idéal étranger aux aptitudes vulgaires que j'avais pris plaisir à signaler et à louer l'an dernier. Le reproche principal qu'on peut adresser à la conception même des tableaux de M. Moreau, c'est qu'elle n'est pas suffisamment claire. Le Français est ainsi fait qu'il veut voir et comprendre au premier coup d'œil ; tout ce qui n'est point parfaitement net et même un peu banal n'a pas le don de lui plaire ; il n'aime point les sens mystérieux et cachés ; tout symbole lui est désagréable, toute recherche lui est pénible ; son ignorance aidant, il a horreur des vérités qu'il faut déshabiller avant de les reconnaître, et il lui répugne singulièrement d'avoir une inconnue à dégager. J'avoue que je ne suis pas ainsi, et qu'un peu de rébus ne me déplaît pas ; il est du reste intéressant de voir comment un esprit curieux et réfléchi rend ses idées à l'aide d'un art plastique, c'est-à-dire extrêmement limité dans l'expression même.

Si *Jason* est une énigme, il me semble que le mot n'en est pas difficile à trouver. L'argonaute est triomphant, demi-nu comme un héros, debout auprès du trophée qui porte la toison d'or ; d'une main il tient son glaive rentré au fourreau, de l'autre il lève et semble offrir aux dieux le rameau d'or de la victoire. Ses beaux pieds nus posent sur le corps du dragon qui, expirant dans les dernières convulsions de l'agonie, redresse encore sa tête de pygargue et roule les anneaux séparés de sa queue de serpent. C'est le pays du triomphe et de l'éternelle jeunesse ; le ciel a des profondeurs lointaines que l'espérance peut parcourir à tire d'aile ; des fleurs brillent, des oiseaux volent ; les yeux extasiés de Jason, des yeux bleus et rêveurs, regardent vers les cieux avec une orgueilleuse confiance ; on sent l'homme sûr de sa force. Il ne doute plus ; comme un autre Hercule, il a accompli les travaux qu'Æétès lui a imposés ; il a terrassé les taureaux, il a vaincu l'invincible dragon qui gardait le trésor : qui lui résisterait maintenant ? le monde ne lui appartient-il pas ? Mais derrière lui, près de ce même trophée qu'elle a aidé à conquérir en endormant le monstre, Médée est debout. Ce n'est pas encore la Médée terrible qui, trahie, donnera à sa rivale le péplum empoisonné et la couronne ardente, et qui massacrera Mermerus et Pherès, les deux fils qu'elle a eus de Jason. Ce n'est encore que la magicienne énervante, plus dangereuse peut-être avec ses philtres qu'avec son poignard. Il est facile de comprendre qu'elle porte en elle une force persistante, douce et dissimulée, qui, sans efforts, sans violence, par le seul fait de sa manifestation régulière, finira par vaincre l'homme, l'abâtardir et réduire à néant toute cette puissance dont il est si orgueilleux. L'amour et la volupté, ont tué plus de héros que la peste et la guerre. Elle est charmante, cette Médée, quoiqu'elle ait été conçue un peu trop en réminiscence des femmes du Pérugin. Comme les aimables nymphes peintes par le maître de Raphaël, elle mérite la jolie épithète ionique familière à Homère, χαλλιπάρηος, aux belles joues ; c'est l'indice de la jeunesse, et M. Moreau l'a très justement remarqué. Ses yeux presque voilés, d'une teinte verdâtre difficile à définir, ont, plus encore que le regard extatique de Jason, une expression de domination inéluctable où se mêle je ne sais quelle nuance d'ironie qui semble se rire de l'assurance du héros. Autour de ses flancs, un peu trop larges peut-être, s'enroule une chaste ceinture composée des blanches fleurs de l'ellébore noire, la plante endormante chère aux sorcières, la douce renonculacée qui fait rêver, console et donne des visions pleines d'espérance. Médée a posé sa petite main sur l'épaule de Jason, et ce seul geste suffit à nous faire comprendre que déjà il ne s'appartient plus, qu'il va être saisi tout entier, que le vainqueur de tant de monstres a trouvé l'être dévorant par qui les plus énergiques sont vaincus : la femme -aimée. Ce mythe est éternel, il est d'aujourd'hui comme il était d'autrefois ; il change de nom et de patrie, mais il reste toujours le même et porte avec lui le même enseignement. Au paradis, c'est

Adam et Eve ; chez les Grecs, il se nomme Hercule et il file aux pieds d'Omphale ; en Judée, il s'appelle. Samson, et Dalilah lui coupe les cheveux. On a beau être la créature directe de Dieu comme Adam, être fils de Jupiter comme Hercule, être inspiré par l'esprit de Jéhovah comme Samson, on n'en est pas moins terrassé par le doucereux ennemi auquel on a livré son cœur. Et à quelle heure est-on ainsi perdu ? A l'heure propice par excellence, à l'heure du triomphe, à l'heure où, maître des événements, on a dompté la nature, ébloui les hommes, égale les dieux, à l'heure où rien ne paraît plus impossible, où l'on croit, comme Encelade, pouvoir escalader l'empyrée. La femme intervient alors ; le héros quitte sa massue, prend la quenouille et file en chantant un bonheur qui le détruit et le désagrège tout entier. Je puis me tromper, mais il me semble que c'est bien là ce que M. Moreau a voulu dire en nous montrant ces deux jeunes personnages triomphants, chacun à sa façon, dans leur paradis mythologique. Cette pensée me paraît très simple, très claire et très juste ; elle était de nature à inspirer un beau tableau. Une très vive préoccupation du grand style, une chasteté qu'on ne saurait trop louer, font de cette toile une œuvre digne d'éloges ; elle nous prouve que l'*Œdipe* n'était point un accident, et qu'il y a chez M. Moreau une conviction sérieuse et une envie de bien faire qui savent résister à l'enivrement du succès. Il sait que dans les arts, comme dans la littérature, on n'est jamais *arrivé*, et qu'il reste toujours mieux à tenter. Nous pourrions facilement faire quelques critiques de détail : le bras de Jason, celui qui lève la palme d'or, est maigre et d'un dessin plus cherché que trouvé ; l'épaule de la Médée est trop grêle, surtout par rapport à la largeur arrondie des flancs. L'harmonie générale est bonne et savante : elle est blonde et se détache sur un fond bleu et brun qui lui donne un relief suffisant. Quant à l'exécution, on peut l'étudier de près, elle ne recèle aucune négligence. La composition est héroïque sans être théâtrale, et il y avait là un écueil qu'il n'était cependant pas facile d'éviter.

Le second tableau de M. Gustave Moreau est intitulé *le Jeune Homme et la Mort*, C'est encore la vanité des espérances humaines qui fait le fond du sujet. Ardent et rapide comme un vainqueur aux jeux d'Olympie, un jeune homme s'élance en courant. Il tient à la main les belles fleurs du printemps si vite fanées, les narcisses, les pâquerettes, les anémones, et dans son orgueil, dans sa folie, dans son imprudente confiance en la vie, il va poser lui-même sur son propre front la couronne d'or des triomphateurs. Cependant une teinte livide a blêmi sa face, une angoisse indéfinissable agrandit ses yeux ; le sang, dirait-on, ne circule plus sous cette peau maté et pâle que soulève le jeu des muscles en mouvement. Aura-t-il le temps de ceindre sa tête du laurier victorieux ? Il touche au but ; le voilà : pourra-t-il l'atteindre ? Non. La mort est derrière lui : elle est endormie, il est vrai ; mais au dernier grain qui tombera dans le sablier le jeune homme tombera aussi pour ne se relever jamais. S'il est une allégorie vraie au monde, c'est celle-là, et quoique M. Moreau l'ait rendue d'une façon un peu obscure, elle n'en est pas moins suffisamment expliquée. Sa *Mort* n'est point hideuse ; « celui qui meurt jeune est aimé des dieux. » Ce n'est point l'horrible camarde à laquelle nous sommes trop accoutumés ; c'est une belle jeune femme triste et pensive, qui incline son front chargé de violettes et de pavots, et qui porte en elle l'attrait mystérieux qui la fait aimer. M. Moreau lui a donné l'attitude charmante que la théogonie hindoue a consacrée pour Vichnou Narâyana lorsque, porté sur les replis du serpent Ananta au sein des eaux tranquilles, il rêve en contemplant le lotus brahmanique qui s'élance de son nombril sacré. Nulle pose ne pouvait être plus nonchalante, plus mélancolique et plus noble. Cette mort ne porte point la faux traditionnelle qui nous abat comme une herbe mauvaise, elle est armée du glaive aigu, si bien orné qu'il ressemble à un bijou, si tranchant qu'il doit enlever la vie sans apporter la souffrance. L'opposition des deux personnages, l'un immobile, allangui par le repos, l'autre en pleine activité et lancé à toute puissance, a été bien étudiée et parfaitement rendue. L'aspect de la coloration est froid, comme il appartenait à un sujet pareil. Un oiseau éclatant de couleur, bleu, noir, violet, blanc, les ailes rouge ardent d'un amour qui va éteindre une torche servent pour ainsi dire de repoussoir au coloris général, et ne sont pas inutiles pour lui donner ce ton livide et glacial qui saisit au premier regard. Le mouvement du jeûne homme est excellent : il court, l'épaule droite effacée, la jambe gauche en avant, la poitrine élargie par le souffle plus rapide ; mais, à le voir, on sent que c'est un dernier effort, déjà l'œil est hagard, il va tomber.

Je n'ai fait que passer, il n'était déjà plus !

Je voudrais m'arrêter là et n'avoir que des éloges à donner à M. Moreau, dont le talent m'est singulièrement sympathique ; mais je n'ai point le droit de lui cacher ce que je crois la vérité. M. Gustave Moreau a beaucoup étudié les maîtres, il a vécu dans leur familiarité et leur a surpris plus d'un secret. Il a pu remarquer que les plus forts d'entre eux sont toujours sobres. Je n'en voudrais pour exemple que l'*Adam* et l'*Eve* de Luca Kranach qui sont à la tribune du palais des Offices, à Florence ; M. Moreau, sans nul doute, se souvient de ces deux panneaux merveilleux. Les personnages y sont réellement les personnages ; rien ne détourne l'attention qui doit se porter sur eux : nul accessoire inutile, nulle bimbeloterie superflue, si bien exécutée qu'elle soit. Je sais qu'il est difficile d'échapper au milieu dans lequel on vit. On a beau s'isoler, se renfermer, se celer à tout ce qui vient du dehors, vivre dans sa propre pensée comme dans une forteresse ; en un mot, on a beau s'abstraire, on n'en est pas moins pénétré à son insu par l'air ambiant que l'on respire, et qui porte avec lui des miasmes délétères et destructeurs. Dans une époque comme la nôtre, où une licence sans nom a remplacé la liberté absente, dans un temps où la mode teint les cheveux, le visage et les yeux de la jeunesse, dans un temps où l'on s'empresse autour d'une chanteuse interlope et d'un mulet rétif, il n'est point aisé de rester imperturbablement attaché à des traditions de grandeur qui ne sont plus de mise et qu'on a jetées au panier avec les défroques de jadis. La décadence est une maladie épidémique, elle se glisse partout et amollit les âmes les mieux trempées. Certes le courage, l'excellent vouloir, l'idéal peu ordinaire de M. Moreau ne sont même pas discutables ; il suffit de voir une de ses toiles pour comprendre qu'il vise très haut, et cependant cela suffit aussi pour comprendre qu'il n'a pu échapper à l'influence des milieux, et qu'il vit dans des jours de dégénérescence. L'abus du détail poussé à l'excès ôte à ses tableaux une partie de leur valeur ; on se fatigue à passer d'un objet à l'autre, d'un sceptre à un glaive., d'un javelot à un bouclier, d'une coupe à un trophée surchargé comme une colonne votive, d'un aigle blanc à une demi-douzaine d'oiseaux-mouches, qui doivent être bien surpris de se trouver en Colchide, de bandelettes épigraphiques à des statuettes de divinités barbares, de médailles à des têtes d'éléphant. Il y a là plus qu'une erreur, il y a un danger. L'année dernière, dans l'*Œdipe*, ce défaut apparaissait déjà, mais on pouvait croire que le peintre n'avait obéi qu'à une fantaisie passagère ; aujourd'hui il y revient avec une persistance inquiétante, car elle prouve qu'il y a chez lui parti-pris. Un vieux proverbe dit : « Il ne faut pas que la forme emporte le fond ; » il ne faut pas non plus que l'accessoire devienne le principal, que L'accidentel cache le définitif. Je sais qu'il est fort agréable, quand on est sûr de sa main, d'exécuter ces petits tours de force de couleur ; je sais que lorsque l'on a, comme M. Moreau, un esprit curieux, recherché, un peu trop précieux peut-être, rien n'est plus plaisant que de créer à plaisir cette espèce d'orfèvrerie mignonne et gracieuse qui est plutôt de l'ornementation que de la peinture ; mais je sais aussi que de tous les ordres d'architecture le plus beau est le dorique, que les tableaux de M. Moreau sont tellement composites qu'ils déroutent l'attention à force de la promener d'objets inutiles en objets superflus, et je sais enfin qu'il n'y a pas de vraie grandeur, pas de *style* sans simplicité et sans sobriété. Si par la pensée M. G. Moreau veut bien débarrasser son *Jason* de tous les éléments étrangers qui l'encombrent, si, au lieu de ce trophée qui, avec ses bandelettes, ressemble à un immense mirliton, il veut bien suspendre au chêne de la légende la toison de bélier couverte des pépites d'or recueillies dans le fleuve, il verra grandir ses personnages, il les verra acquérir un relief, une importance qu'il a voulu leur donner, et que leur enlève le fouillis qui les entoure. Chacun de ces accessoires est en lui-même traité à ravir, j'en conviens volontiers ; mais les choses ne sont jamais belles qu'à leur place. Mettez un collier ciselé par Benvenuto Cellini au cou de la Vénus de Milo, et vous lui ôtez immédiatement son ampleur et sa majesté. Que M. Moreau sache se châtier lui-même, cela lui sera facile ; qu'il force son imagination à se concentrer sur le sujet seul, sur le sujet abstrait de ses tableaux, et nous ne regretterons pas les reproches que nous avons cru devoir lui soumettre, car alors nous n'aurons plus que des éloges à lui adresser.

M. Paul Baudry a demandé aussi à la mythologie un prétexte aux agréables et futiles colorations auxquelles il se complaît. J'avoue qu'en voyant annoncer, avant l'ouverture du Salon, une *Diane chassant l'Amour*, je m'étais imaginé une vaste allégorie conçue au point de vue épique : Diane, la chasteté, guidant ses lévriers de

Laconie à travers les halliers et poursuivant son éternel ennemi. J'avais compté sans le peintre. La façon dont il a traité son sujet est beaucoup plus simple et ne nous montre rien de nouveau. Diane est assise auprès d'une source où brille la fleur de quelques iris ; l'Amour, un Amour bouffi du bon vieux temps, le petit dieu badin en un mot, est venu la regarder de trop près : elle le chasse en essayant de le frapper, non, de le battre avec une de ses flèches. La flèche de l'Amour est armée d'une pointe d'or, celle de Diane est ferrée : c'est là tout l'esprit de la composition. Après un tel effort, M. Baudry s'est reposé : *exegi monumentum* ! Le dessin est toujours ce qu'il est dans les tableaux de M. Baudry, fort indécis et souvent maladroit. Diane ne répond guère au principe de virginité qu'elle représentait chez les anciens : c'est une assez égrillarde personne, qui n'a point l'air trop fâché d'avoir été dérangée au moment où elle baigne ses pieds ; elle est grassouillette et molle, et ne représente en quoi que ce soit l'idée qu'on peut se faire de la chaste déesse, svelte, alerte, courant la nuit sur les bruyères et dormant le jour au fond des bois touffus. C'est assez creux de facture, comme toujours, et peint souvent avec de simples frottis qui font plus d'illusion que d'effet. Selon son habitude, M. Baudry a parsemé son tableau, de ces charmantes touches bleues où il excelle ; l'aspect général est gai, et c'est à peu près tout ce qu'on doit demander à un panneau décoratif. En revanche, M. Baudry expose un portrait, grand comme la main, qui est excellent, quoiqu'exécuté dans une teinte verdâtre trop uniforme, très vivant, fait au bout de la brosse et parfaitement réussi.

J'étonnerai peut-être M. Baudry en disant qu'à cette *Diane* vulgaire je préfère une simple aquarelle que M. Pollet a intitulée *Lydé*, Il y a là du moins, malgré l'infériorité consentie du genre, un souci de l'art et un soin d'exécution qui me paraissent mériter les plus grands éloges. Voilà longtemps que M. Pollet est sur la brèche, et il nous prouve aujourd'hui que les plus vieux capitaines sont souvent les meilleurs. Lorsqu'au début de sa carrière on a eu le courage, l'esprit ou la chance de placer son idéal très loin, on marche vers lui en s'agrandissant soi-même, l'âge ne vous atteint pas, et l'on reste jeune, car on n'a pas encore touché le but qu'on s'était proposé. Depuis vingt-sept ans que M. Pollet a obtenu le premier grand prix de gravure, son talent n'a rien perdu de sa fraîcheur ni de sa force.

L'aquarelle qu'il expose aujourd'hui appartient, sans contestation possible, à la peinture d'histoire. C'est d'une grande allure et d'un style de premier ordre. Le sujet n'est point compliqué : une jeune fille assise sur l'herbe, à l'ombre d'une futaie, arrache une épine qui l'a blessée.

Mon pied blanc sous la ronce est devenu vermeil.

Une draperie cachant la moitié du corps laisse à découvert les épaules, la poitrine et les bras. La facture est extraordinairement belle, et je doute que la peinture à l'huile elle-même puisse donner le relief que M. Pollet a obtenu avec de simples teintes d'aquarelle relevées çà et là d'imperceptibles hachures au pinceau. Les fleurs posées sur les cheveux blond cendré sont d'une légèreté charmante, l'air verdâtre tamisé par l'épais feuillage des arbres semble faire du jeune et charmant personnage un point lumineux qui attire le regard et retient l'attention. C'est une œuvre remarquable, qui est reléguée forcément dans la dernière salle de l'exposition, et qui méritait plus que toute autre les honneurs de ce qu'on appelait jadis le Salon carré.

Qui ne se souvient de l'admirable début de *l'Orestie* ? qui n'a présent à la mémoire le douloureux monologue du veilleur ? « Dieux, je vous en prie, délivrez-moi de mes travaux ; faites que je me repose de cette garde pénible ! D'un bout à l'autre de l'année, comme un chien, je veille en haut du palais des Atrides, en face de l'assemblée des astres de la nuit. Régulateurs des saisons pour les mortels, rois brillants du monde, flambeaux du ciel, je les vois, ces astres, et quand ils disparaissent et à l'instant de leur lever. Sans cesse j'épie le signal enflammé, ce feu éclatant qui doit annoncer ici que Troie a succombé ! » J'avais toujours été surpris qu'un tel sujet, si profondément plastique par lui-même, ne tentât point un peintre de talent. Dans cet homme que ronge l'ennui, qu'accable la fatigue d'une tâche incessante, qui, du haut de la terrasse où il a posé son lit, comme une cigogne voyageuse, regarde invariablement vers la mer immense pour découvrir au loin, sur le promontoire à peine visible, le bûcher allumé qui annoncera la bonne nouvelle ; il y avait motif à un tableau majestueux et solide, donnant lieu à des lignes sévères, relevées par d'habiles oppositions de couleurs. Les poètes sont de bons conseillers pour ceux qui savent les entendre, et l'on ne les consulte peut-être pas assez souvent. Dans sa simplicité grandiose et farouche, Eschyle semble n'avoir écrit que pour offrir aux peintres des sujets magnifiques. Le veilleur mélancolique qui se plaint de son sort à fourni à M. Lecomte Dunouy l'occasion de faire un agréable petit tableau où l'on sent trop l'influence de M. Gérôme et les habitudes un peu étroites de l'école dite des *pompéistes*, qui voient trop souvent les choses par leur petit côté. La toile est fort restreinte, mais les dimensions sont peu importantes, et ce n'est pas à cause de cela qu'elle manque de largeur. La touche est maigre, quoique assez serrée, et la coloration est d'une harmonie triste qui n'est point désagréable à voir. M. Lecomte-Dunouy a interprété Eschyle à sa guise, c'était son droit ; au lieu de faire un guetteur harassé qui interroge l'horizon avec angoisse, il a représenté un oplite qui monte la garde au haut des tours et regarde tristement vers la ville endormie à ses pieds. Est-ce le sujet en lui-même qui a séduit l'artiste ? Je ne le pense pas ; je m'imaginerais volontiers qu'il a été plutôt entraîné par ce que je nommerai d'un vilain mot, le *bric-à-brac*. En effet, tout le soin de l'exécution est donné à la tunique rouge, au casque armé de son nasal, aux cnémides, à la sarisse, au bouclier posé contre la muraille. Il y a là une préoccupation de vérité archéologique qui mérite d'être louée ; mais, puisque M. Lecomte-Dunouy était en veine de recherches, pourquoi s'est-il arrêté en chemin, et pourquoi sur ce merlon de pierre qui fait partie d'un palais d'Argos grave-t-il l'oiseau consacré à Minerve et emblème d'Athènes ? Le demi-loup argien eût été là plus à sa place que la chouette athénienne. Ceci est bien peu important, me dira-t-on ; je le sais. L'art n'est pas la science, je le sais encore et ne les confonds pas. Cependant il était bien facile d'être exact, le tableau y eût gagné une petite saveur archaïque qui ne lui aurait pas nui. Telle qu'elle est néanmoins, et malgré ces très légères critiques de détail, cette toile est honorable, et prouve chez l'auteur un esprit curieux et distingué. En somme, c'est plutôt une vignette qu'un tableau ; c'est une traduction d'Eschyle *ad usum Delphini*, mais c'est déjà beaucoup que de s'être épris d'un tel poète : si ce n'est un résultat, c'est une promesse bonne à enregistrer, et dont il convient de tenir compte.

Il est un genre de peinture historique qui fut fort à la mode il y a quelque trente ans et qui semble tout à fait tombé en désuétude aujourd'hui : c'est celui qui consiste à reproduire quelques personnages connus concourant à une action commune. Son vrai nom serait la peinture anecdotique. M. Paul Delaroche fut le grand-maître, de cette école médiocre qui ne produisit jamais rien de bien remarquable. *Jane Grey, Charles Ier insulté par des soldats, lord Strafford marchant au supplice*, prouvèrent que le sujet seul ne constitue pas une œuvre d'art, et n'obtinrent jamais qu'un succès de curiosité. Après M. Paul Delaroche vint M. Gallait, qui raconta sur des toiles emphatiques les principaux épisodes de l'histoire révolutionnaire du Brabant. En général, ces tableaux plaisent à la foule, qui, ne comprenant rien à l'art, n'est avide que d'émotions et s'impressionne à la vue de certaines infortunes qu'on lui représente. Les peintres de ce genre facile ont soin de choisir leurs sujets parmi les faits déjà connus, appréciés, et sur lesquels on s'est passionné. C'est ainsi que M. Müller a fait parler de lui avec ; son *Appel des condamnés* et que M. Paul Delaroche a remporté un succès d'attendrissement avec sa *Marie-Antoinette sortant du tribunal révolutionnaire*. Aujourd'hui voici un nouveau venu, un étranger ; il arrive avec une vaste composition où les maladresses ne manquent pas, où les qualités dominent, et qui rappelle cette école dont je viens de. parler. Le nom de M. Matejko indique son origine lithuanienne ; il n'est donc pas étonnant qu'il ait emprunté à l'histoire de Pologne le motif de son tableau : *le prêtre Skarga prêche devant la diète de Cracovie assemblée en 159*. La plupart des personnages doivent être des portraits, et à ce point de vue peuvent être intéressants à étudier. Il y a là d'étranges visages, des postures singulières, des attitudes à la fois théâtrales et abandonnées qui portent un cachet de vérité remarquable. Le grand et seul reproche sérieux que j'adresserai à M. Matejko, c'est d'avoir abusé jusqu'à l'excès des colorations noires ; il a pu ainsi obtenir plus de relief pour certaines têtes qu'il voulait mettre en lumière, mais il a affaibli l'effet général, et c'est toujours cela qu'il faut considérer en première ligne et en dernier ressort, surtout dans un tableau de cette dimension. A ne s'occuper que du procédé matériel, il faut reconnaître qu'il est excellent ; il y a là des têtes accentuées comme jamais Paul Delaroche n'aurait su en peindre et des étoffes supérieures à toutes celles que nous avons pu voir dans les toiles de M. Gallait. Si, comme je le crois, ce tableau est un début, il est de bon augure et promet à la peinture historique une recrue importante. M. Matejko a des qualités fort appréciables, et il les mettra plus favorablement en relief le jour où, renonçant aux tons noirs et fâcheux qui déparent son *Skarga*, il demandera aux colorations blondes les ressources considérables qu'elles offrent à ceux qui savent les employer avec discernement.

C'est aussi dans l'histoire de Pologne que M. Kaplinski a cherché un sujet, mais il l'a pris dans l'histoire contemporaine, et l'*Épisode* qu'il expose en est pour ainsi dire le triste et lamentable résumé. Un jeune homme vêtu de la robe noire des condamnés marche au supplice en tenant le crucifix serré contre sa poitrine et en levant les yeux vers le ciel comme pour affirmer une fois de plus que son espérance est imprescriptible, ainsi que son droit. Derrière lui et prêt à lui jeter la corde fatale, vient le bourreau. C'est d'une composition extrêmement simple, et il faut rendre à M. Kaplinski cette justice, qu'il s'est éloigné avec un goût parfait de tout ce qui pouvait être théâtral. Le sujet y prêtait pourtant singulièrement, et il n'y a que plus de mérite à être resté maître de soi-même. Point de pose, point d'attitude outrée, point de geste violent. La victime meurt avec une résignation dont tant d'exemples ont été récemment donnés ; ce fut un soldat, aujourd'hui c'est un martyr ; la cause est ajournée, mais elle n'est pas perdue ; celui qui va mourir la remet à Dieu, et peut-être, semblable à ce vieux chef croisé dont parle une chronique arabe, lui dit-il : « J'ai fait mon devoir, à ton tour de faire le tien ! » Le bourreau lui-même n'a rien de cruel ni de brutal ; il a l'air d'un garçon boucher ; il va falloir lui passer la corde autour du cou. L'opposition des deux personnages a été très bien comprise et rendue à souhait par M. Kaplinski. Ces deux hommes sont absolument dans la sincérité de leur rôle, l'un en mourant pour sa patrie, l'autre en pendant le vaincu ; l'esprit est d'un côté, la matière est de l'autre ; la défaite a un cerveau, le triomphe n'a que des muscles. L'impression est profonde et saisit dès l'abord. L'harmonie même de la toile est en rapport exact avec la composition. La teinte générale, grise et noire, relevée de tons rouges, est d'un effet triste très habilement approprié au sujet. L'exécution est bonne, les têtes ont un vif relief ; les mains, cette pierre d'achoppement de tant d'artistes, ont été traitées avec un soin minutieux qui indique de fortes études et une très attentive observation de la nature. Il y a quelque temps déjà que M. Kaplinski lutte sans relâche pour atteindre le rang auquel il monte aujourd'hui ; chacune de ses compositions a constaté un progrès. S'il continue à marcher courageusement dans la voie où il ne s'est pas lassé d'avancer, il est certain d'y rencontrer des succès durables et la récompense de ses travaux antérieurs. Le *Portrait en costume polonais du seizième siècle* se recommande aussi par un très ferme modelé et par une coloration à la fois sobre et très chaude ; les mains y sont encore plus belles peut-être et exécutées avec un soin plus recherché que celles des personnages du tableau dont j'ai parlé. —M. Rodakowski expose aussi un fort beau portrait, peint avec la solidité à la fois large et serrée qui est habituelle à cet artiste. Les noirs et les rouges du vêtement et de la coiffure sont traités avec une harmonie très savante ; si le visage n'était un peu trop *fouaillé*, je n'aurais que des éloges à donner à cette toile, où l'on retrouve toutes les habiletés de faire, de couleur et de dessin qui valurent, en 1852, un si imposant succès au portrait du général Dembinski.

Je ne puis abandonner la peinture d'histoire sans parler de M. Schreyer, qui prend dès aujourd'hui parmi les artistes modernes un rang dont son pays a le droit d'être fier. Sa *Charge de l'artillerie de la garde à Traktir* est un tableau plein de feu, de mouvement et d'observation. La large harmonie baie brune des chevaux donné le ton général à toute la composition, qui se déroule dans une action à la fois violente et précise. Un canon, enlevé au galop de six chevaux, tourne sur une route pleine de poussière, route ouverte au hasard, à travers champs, parmi des arbustes demi-brisés sous le poids des roues. Le canonnier conducteur des chevaux de timon vient d'être frappé de mort, il s'affaisse lourdement sur lui-même par une sorte de mouvement de tassement admirablement rendu ; il a lâché les guides de son porteur, qui, blessé lui-même, a, en se débattant, jeté la jambe montoire de devant par-dessus les traits ; le mallier se cabre ; les chevaux de cheville et de volée continuent leur rapide évolution demi-circulaire ; tout va culbuter, mais le pourvoyeur et le premier servant arrivent à toute carrière pour réparer le désordre et permettre à la pièce d'aller prendre son rang de bataille. Au centre de la composition, un jeune officier, dans une pose un peu trop emphatique, brandit son sabre et s'écrie : En avant ! Tout cela est enlevé avec un entrain plein d'énergie ; les chevaux sont étudiés dans tous leurs détails et exécutés avec une sûreté de main qu'il est rare de rencontrer à un tel degré de perfection. C'est la vérité prise sur le fait et traduite sur la toile. Je crains cependant que M. Schreyer, dont la brosse est si magistrale et si puissante, ne recherche trop les effets faciles d'une coloration de convention. L'an dernier, nous lui avions reproché les tons gorge-de-pigeon qui déparaient son *Arabe en chasse* ; cette année, nous lui adresserons la même observation pour sa *Charge de l'artillerie de la garde* ; le ciel est d'une nuance indécise qui varie du gris au rose en passant par le lilas. C'est de l'afféterie, et elle est déplacée dans un tableau de cette valeur ; elle lui ôte quelque chose de sa sévérité, de sa largeur, de sa force ; elle disperse l'effet au lieu de le concentrer, et donne à la facture les apparences d'une mollesse qu'elle n'a pas en réalité. M. Schreyer est un peintre dans toute l'acception du mot ; il voit, conçoit et exécute. Je n'ai qu'un regret, c'est qu'au lieu d'être né en France, il soit né en Allemagne.

Section IV

La peinture de genre, par sa conception et ses procédés, se confond tellement aujourd'hui avec la peinture de paysage qu'il est assez difficile de définir la limite exacte qui les sépare. Elles se prêtent un mutuel secours, et trouvent l'une par l'autre des ressources qui ne leur sont point inutiles. Elles arrivent ainsi à des résultats plus complets, et qui parfois sont excellents. M. Adolphe Breton reste encore le maître de ce double genre. Il se copie un peu trop lui-même, il use trop souvent du même moyen extérieur, qui consiste dans un effet de soleil éclairant ses personnages par en haut et laissant dans l'ombre leur partie inférieure, ce qui cerne les contours en les dorant, leur donne un relief plus accentué, mais les rend parfois trop creux, en un mot les fait *lanterner*, c'est-à-dire semble les éclairer par transparence. Cette habitude serait un défaut chez M. Breton, si l'extraordinaire fermeté de sa touche, toujours très précise sans être jamais sèche, ne la contre-balançait d'une façon tout à fait victorieuse. Les paysannes de M. Breton sont de vraies paysannes, et cependant elles ont un style grandiose qui en fait d'admirables personnages. Malgré leur, réalité, elles sont épiques, et l'on sent à les voir que leur tâche est aussi grande, aussi noble que celle de qui que ce soit. Le temps n'est plus où La Bruyère pouvait écrire : « L'on voit certains animaux farouches, des mâles et des femelles, répandus dans la campagne, noirs, livides et tout brûlés du soleil, attachés à la terre, qu'ils fouillent et qu'ils remuent avec une opiniâtreté invincible. Ils ont comme une voix articulée, et quand ils se lèvent sur leurs pieds, ils montrent une face humaine. Et en effet ils sont des hommes !... » En effet, aujourd'hui ils ne sont plus seulement des hommes, ils sont *égaux*, et c'est ainsi que M. Breton les a compris. Nos institutions sociales se sont enfin mises d'accord avec l'histoire naturelle. Si M. Breton reproduit souvent les mêmes effets de lumière, il ne varie peut-être pas assez les types qu'il représente : ainsi je retrouve sa *Gardeuse de Dindons* de l'an dernier dans cette belle faneuse assise qui offre sa large poitrine à l'avidité de son enfant. C'est tourner un peu trop dans le même manège et se condamner inutilement à des répétitions qu'on pourrait facilement éviter. Ces deux observations une fois faites, nous n'avons plus à offrir à M. Breton que nos louanges les plus sincères. *La Fin de la journée* représente des faneuses qui ont terminé leur travail ; elles se reposent, appuyées sur le manche des râteaux et des fourches, couchées sur l'herbe, assises près des meules. Les lueurs dernières du soleil couchant colorent leur visage sérieux et fatigué ; au loin, on aperçoit les maisons d'un village. En regardant ce tableau intime et pénétré d'une poésie profonde, on se rappelle involontairement les vers de l'églogue :

Et jam summa procul villarum culmina fumant,

Majoresque cadunt altia de montibus umbræ.

C'est là le propre des œuvres qui appartiennent réellement à l'art de réveiller les souvenirs endormis et d'avoir un cachet d'universalité qui agrandit singulièrement l'horizon où elles se meuvent. Chacun sait avec quelle habileté M. Breton manie le crayon et le pinceau ; il serait donc superflu d'en parler. *La Lecture* a des qualités de facture qui sont peut-être supérieures encore à celles qu'on remarque dans *la Fin de la journée*. Une jeune fille vue de profil fait la lecture à un vieux paysan assis contre les hauts chambranles d'une cheminée. Le visage, la nuque, le cou de la jeune fille sont de la très haute peinture, et je regrette que le tableau tout entier n'ait pas été traité avec ce souci extraordinaire de la forme et de la beauté. Telle, qu'elle est néanmoins et malgré certaines négligences de brosse très légères, cette toile est égale, sinon supérieure, à bien des tableaux anciens qu'on admire, et dont les auteurs ont une célébrité qui, j'espère, ne manquera pas à M. Breton.

En rendant compte du *Salon de 1864*, nous avons eu à soumettre quelques observations à M. Eugène Fromentin, qui, selon nous, avait subi une de ces défaillances passagères que les artistes les meilleurs et les plus convaincus ne peuvent pas toujours éviter. Nous avons dit sans détour combien cette franchise nous coûtait ; nous avons eu toujours une vive sympathie pour le double talent d'artiste et d'écrivain dont M. Fromentin a donné souvent la preuve ; nous l'avons admiré avec joie, loué avec conviction ; mais la critique impose des devoirs qu'on ne saurait répudier. Aujourd'hui nous nous retrouvons, jusqu'à un certain point, en présence du même embarras. Cette fois du moins ce n'est pas une faiblesse momentanée que j'aurai à signaler, loin de là ; c'est un effort trop considérable et hors de proportion peut-être avec le genre de talent de l'artiste. Les dons que M. Fromentin a reçus en partage, les qualités charmantes qui constituent le fond même de sa nature, et qu'il a su habilement développer, ne lui ont donc point semblé suffisants ; ils auraient pu cependant contenter un artiste moins sévère pour lui-même, et la réputation qu'ils avaient value à leur heureux possesseur aurait satisfait plus d'un ambitieux. M. Fromentin semble chercher des succès nouveaux dans des routes qu'il n'a pas encore battues. C'est le signe d'un esprit hardi ; ces tentatives m'effraient, mais je les admire. Les fées qui ont présidé à la naissance de M. Fromentin ont été généreuses pour lui ; elles lui ont dit : « Tu auras la grâce, tu connaîtras le secret des agréables colorations, tu auras la finesse de l'esprit et celle de la main, tu sauras te servir des deux outils sacrés, celui de la pensée, celui de la plastique ; tu communiqueras à tes œuvres le don mystérieux qui fait aimer, le charme. » Lorsque les fées l'eurent doué ainsi, elles le quittèrent ; mais la force, qui était occupée ailleurs, n'était point venue, et c'est elle que M. Fromentin cherche aujourd'hui. On raconte qu'Apollon se blessa en voulant jouer avec la massue d'Hercule ; M. Fromentin a la grâce, il veut trouver la force ; je crains bien qu'il ne lâche la proie pour l'ombre. Nul ne saura gré à l'aimable artiste des efforts qu'il fait pour donner à ses chevaux des musculatures très étudiées et trop saillantes. Dans cette douce peinture à laquelle il nous avait habitués, peinture fine, transparente, qui semblait une superposition de glacis harmonieux, de tels efforts de brosse surprennent, paraissent une anomalie, et ne sont pas en rapport avec la facture générale. Les tableaux qu'il obtient ainsi, — dès 1863 j'avais signalé ce danger. — paraissent peints par deux artistes différents : l'un fait le paysage, l'autre les animaux et les hommes. Je voudrais que M. Fromentin mît d'accord les deux peintres qu'il porte en lui, celui d'autrefois, qui est resté charmant, celui d'aujourd'hui, qui se manière à son insu par l'inutile violence de son effort. C'est un grand talent, le plus grand de tous peut-être, que de savoir ce que l'on peut et de ne jamais dépasser sa propre limite. Chacun a des aptitudes particulières, et c'est en les développant avec persistance qu'on arrive à faire produire à sa nature toute la somme de perfection qu'elle contient en germe. Vouloir absolument acquérir des qualités nouvelles, risquer de modifier celles que l'on possède pour la chance douteuse d'un accroissement de facultés qui peut-être se montreront rebelles, c'est faire, sans contredit, acte d'esprit généreux, c'est prouver qu'on est mécontent de soi-même et qu'on vise très haut, mais c'est jouer bien gros jeu. Dans ses *Voleurs de nuit* (Sahara algérien), M. Fromentin a eu certainement en vue une œuvre plus considérable que celles qui lui ont mérité sa réputation. On dirait qu'il a cherché pour son talent une transformation radicale, et que, dédaignant ses procédés d'autrefois, il ne veut plus affirmer que la puissance de son relief et la vigueur de son modelé. Heureusement ça et là l'artiste s'est oublié ; les terrains couverts d'alphas, le feu lointain des tentes prouvent qu'il sait retrouver, au premier appel, cette grâce exquise dont j'ai si souvent eu plaisir à faire l'éloge ; mais la tonalité ardoise de tout le tableau est plus triste et plus obscure que ne le comporte une nuit d'Orient éclairée par les constellations lumineuses que M. Fromentin a eu la savante coquetterie de placer dans leur position précise et mathématique. En voulant donner à ce cheval blanc effarouché une ampleur extraordinaire, en exagérant ses muscles, en accusant ses contours, en creusant chaque inflexion de la peau, M. Fromentin n'a pas fait grand, ce qui était son ambition, il a fait gros. Ce cheval, qui n'a du barbe que les sabots, est hors de toute proportion ; jamais l'homme nu qui coupe ses entraves ne pourra s'élancer sur ses reins. Pourquoi ces exagérations inutiles ? qui trompent-elles ? Personne, et certainement M. Fromentin moins que tout autre. Sans aucun doute il a eu une déception lorsqu'il a vu son tableau au Salon. Les demi-jours de l'atelier, jours disposés spécialement pour l'effet, sont trompeurs ; les embus vous abusent ; on se fait fatalement illusion sur une œuvre qu'on regarde sans cesse et qu'on voit plutôt par les détails que par l'ensemble, et l'on est souvent cruellement désabusé lorsqu'on la retrouve sous le grand jour d'une salle commune pleine d'objets de comparaison. Hélas ! c'est là le sort réservé à tous ceux qui produisent : le tableau n'est pas le même à l'exposition qu'à l'atelier ; le livre ne ressemble plus au manuscrit. Dans *la Chasse au héron* (Algérie), je revois cette finesse de coloris et cette élégance de mouvement qui distinguent M. Fromentin entre tous les autres ; mais le paysage n'est-il pas plus français qu'algérien ? Les veines les plus riches s'épuisent lorsqu'elles ne sont pas renouvelées à temps. Voilà bien des années déjà que M. Fromentin peint de souvenir ; sa mémoire, quelque profonde que soit l'empreinte qu'elle ait reçue, n'aurait-elle pas besoin d'être rafraîchie par l'aspect même des lieux qui l'ont frappée jadis ? Si j'étais à la place de M. Fromentin, je n'hésiterais pas, et j'irais demander à l'Orient les forces nouvelles qu'il n'a jamais refusées à ceux qui savent l'interroger. D'un nouveau voyage nous verrions revenir quelque équivalent au *Berger kabyle*, qui est encore jusqu'ici l'œuvre la plus importante de M. Fromentin. Lorsque Antée se sentait épuisé, il touchait la terre et reprenait sa vigueur. Dans cette vieille historiette, il y a un enseignement dont il faut savoir profiter.

Je ne veux point quitter l'Algérie sans parler de M. Huguet, qui en rapporte deux agréables tableaux, exécutés dans un joli sentiment de la vérité. C'est gris de perle, clair, lumineux, et d'un aspect vivant où l'on reconnaît la nature prise sur le fait ; on peut reprocher à l'artiste d'avoir trop étendu ses premiers plans, ce qui nuit à l'exactitude de la perspective. Les figures sont plutôt indiquées que terminées. Il est facile de voir que M. Huguet se défie encore de lui-même, car sur les treize personnages que montre sa *Caravane*, un seul laisse apercevoir son visage de profil perdu ; tous les autres cachent leurs traits avec un soin trop jaloux pour n'être pas volontaire. Quoi qu'il en soit de ces critiques de détail, l'impression de l'ensemble est bonne ; les colorations sont justes, les rapports du terrain et des étoffes sont régulièrement observés ; si M. Huguet veut consentir à serrer sa manière et ne pas se contenter d'un à peu près, il pourra nous montrer des tableaux remarquables et dignes d'être loués sans réserve.

Contrairement à M. Huguet, M. Edmond Bédouin n'a pas reculé devant la minutieuse exécution des personnages qui se promènent dans *une Allée des Tuileries*. C'est un charmant tableau, tout moderne, éclairé par de jolis effets de soleil, et qui serait irréprochable si les arbres n'étaient peints d'une brosse plus molle qu'il ne convient. Ils semblent appartenir à la convention plutôt qu'à la nature, et par leur facture trop lâchée ne s'harmonisent pas avec les figures, qui sont traitées de main de maître. Profitant de l'éclat des modes actuelles et les utilisant au point de vue pittoresque, M. Bédouin a représenté une allée des Tuileries, telle que nous pouvons la voir tous les jours, avec les jeunes élégantes qui viennent y faire admirer leur toilette, les enfants qui jouent, les vieillards qui cherchent un rayon de soleil, les tristes gouvernantes anglaises qui, assises au pied des marronniers, rêvent à des choses indécises tout en surveillant les *babies* confiés à leurs soins. C'est à la fois exact et gracieux, d'un coloris plein de ressources, d'un relief peu accentué et d'un aspect extrêmement plaisant. La lumière abonde sans être criarde, et les personnages ont un style élégant et familier qui est du meilleur goût ; de plus, par son ordonnance même, la composition est concentrée et se déroule avec une largeur qui dénonce un artiste réfléchi.

Si M. Français pouvait, une bonne fois pour toutes, se débarrasser d'une sorte de lourdeur de main qui paraît lui être essentielle, il augmenterait singulièrement son talent et prendrait sans contestation rang à la tête de nos paysagistes. Nul ne dessine comme lui, il a un sentiment très précis de la couleur et de ses lois ; mais souvent, trop souvent, il affaiblit, ses tableaux par la pesanteur même de l'exécution. Les *Nouvelles Fouilles de Pompéi* sont une. toile conçue dans un excellent esprit, et où le ciel, qui est d'une extrême finesse, prouve que M. Français, quand il le veut sérieusement, peut donner à sa brosse toute la légèreté désirable. Pourquoi les terrains des premiers plans sont-ils si lourdement touchés et viennent-ils affaiblir la savante harmonie de toute la composition ? La tonalité générale a pour point de départ deux murailles peintes en bleu et en rouge ; pas une fois elle ne s'éloigne de la gamme voulue, et elle donne à tout ce tableau une sorte d'aspect musical qui est à la fois très doux et très puissant. Semblables à des canéphores, les femmes portent sur leur tête les paniers pleins de cendres déblayées ; toute la ville ensevelie jadis et aujourd'hui rendue au jour apparaît avec ses murs effondrés, ses toits enlevés, ses colonnes encore debout, les aloès poussés sur ses ruines, les vignes qui envahissent ses pignons écroulés. Au fond apparaît la mer, brillante sous le soleil ; une brume lumineuse, qui ne surprendra aucun de ceux qui connaissent les environs de Naples, noie de ses teintes nacrées l'horizon lointain où se profile la pure silhouette des promontoires bleuâtres. C'est encore un excellent tableau que M. Français peut ajouter à son œuvre, déjà considérable ; mais il ne fait pas oublier l'*Orphée*, dont nous attendons toujours le pendant.

Dans la peinture de paysage, il ne me reste plus à indiquer que *la Chapelle de la Vierge dans l'église Saint-Marc, à Venise*, tableau d'intérieur très chaudement peint par M. Lucas, qui semble avoir emprunté aux maîtres vénitiens quelque chose de leur belle entente de la lumière ; *le Requêter* de M. Lapierre, qui, malgré ses ciels toujours un peu trop fouettés, a des qualités très sérieuses et une harmonie rose du plus gracieux effet, et enfin une aquarelle de M. Harpignies ; c'est certainement une des plus remarquables que j'aie vues. Elle est intitulée *Route sur le Monte-Mario, à Rome,* C'est d'une franchise extraordinaire, sans *ficelles*, sans petits moyens ; c'est net, précis comme la nature elle-même et d'une largeur peu commune. Un chemin qui monte, des arbres, un ciel lointain, et c'est tout. L'harmonie générale est teinte neutre et un peu triste, mais il y a là une sûreté de main et une vigueur d'exécution rapide qu'on ne saurait trop approuver et recommander. L'Angleterre nous avait seule offert jusqu'à ce jour des exemples d'aquarelles si magistralement enlevées.

Les artistes dont j'ai eu à m'occuper jusqu'à présent appartiennent, sauf de très rares exceptions, à un temps qui n'est déjà plus. C'est dans une époque cruellement dédaignée aujourd'hui qu'ils ont puisé les idées qui les soutiennent et leur permettent de lutter seuls encore contre le courant fatal. L'impulsion qu'ils ont reçue jadis, pendant des jours où les pensées s'échangeaient librement dans des discussions imposantes, a été assez forte pour durer encore. Grâce à eux, grâce à leur puissante éducation, nous avons eu quelques noms à citer, quelques œuvres à louer, et nous avons pu nous consoler du spectacle affligeant qu'offre l'ensemble de tant de médiocrités ; mais quand ils ne seront plus, qui les remplacera ? On ne peut le prévoir. Les morts laissent dans les rangs un vide que l'on ne remplit pas. Ne se présentera-t-il donc pas un jeune homme qui puisse donner une espérance ? Dans la lice, il n'y a que de vieux athlètes ; hors d'eux, je ne vois guère que des enfants débiles qui remplacent l'énergie par l'outrecuidance et le savoir par le grotesque. L'an dernier, c'était parmi les *refusés* qu'il fallait chercher leurs œuvres ; aujourd'hui plus libéralement elles font partie du Salon. On ne saurait trop louer le jury d'avoir pris ce parti. Il a fait preuve de grande indulgence en acceptant ces tableaux, qu'on ne sait comment désigner, et il a fait preuve d'esprit en les plaçant sous les regards immédiats du public : ces sortes de choses, en effet, sont bonnes à *exposer*, il n'est pas inutile de montrer des ilotes. Dans cette sorte d'école nouvelle, outrageusement injurieuse pour l'art, il suffit donc de ne savoir ni composer, ni dessiner, ni peindre pour faire parler de soi ; la recherche de sept *tons blancs* et de quatre *tons noirs* opposés les uns aux autres est le dernier mot du beau ; le reste importe peu. Dans les grandes compositions, on agit plus simplement encore : on peint ses amis buvant quelques verres de vin, pendant que la Vérité elle-même vient voir comment et combien on se moque d'elle. Si ce n'était que puéril, on pourrait en rire ; mais c'est profondément triste, car il y a là une tendance qui semble être le résultat des habitudes nouvelles de la nation. Voilà, en fait d'art et d'artistes, ce que notre époque a produit. Si à cela on ajoute une certaine propension malsaine à choisir de préférence des sujets égrillards, on aura un bilan qui peut, avec certitude, faire prédire la prochaine banqueroute de l'école française. De Rome même, de la villa Médicis, on envoie des *jeunes Filles endormies* qui pourraient servir d'enseigne à la boutique de M. Purgon. C'est vers l'Allemagne et vers la Belgique qu'il faudra nous tourner pour trouver des maîtres, et une de nos gloires pacifiques est sur le point de disparaître. A quoi donc attribuer un si douloureux état de choses ? Est-ce qu'on ne protège pas assez les artistes ? Mais jamais, à aucune époque, les prix dont on paie leurs œuvres, — les ventes en font foi, — ne sont arrivés à un chiffre aussi considérable. Entre tous, les artistes sont privilégiés, car nulle liberté ne leur fait défaut. La sculpture et la peinture n'inspirent aucune défiance, elles ne sont point subversives, elles n'excitent point à la haine des citoyens entre eux, elles n'attaquent point la constitution. L'administration leur est favorable, le budget leur fait une part importante. On achète et on récompense. Le peintre et le sculpteur sont médaillés et décorés comme de vieux soldats. C'est au mieux, et j'approuve des deux mains. Et cependant le mal fait des progrès que rien n'arrête ; les plus indifférents s'inquiètent et se disent : L'art français va-t-il donc disparaître ? Quel souffle malsain de langueur et de faiblesse a donc passé sur les artistes ? D'où vient l'atonie qui les endort, l'énervement qui les étreint ? A qui la faute ? à qui remonte la responsabilité ? La cause n'est point particulière, elle est générale. Il y a cinquante et un ans déjà qu'un homme d'un grand talent a répondu à toutes ces questions et que Benjamin Constant a écrit la phrase suivante qu'il n'hésiterait pas à signer encore aujourd'hui : « L'indépendance de la pensée est aussi nécessaire, même à la littérature légère, aux sciences et aux arts, que l'air à la vie physique. L'on pourrait aussi bien faire travailler des hommes sous une pompe pneumatique, en disant qu'on n'exige pas d'eux qu'ils respirent, mais qu'ils remuent les bras et les jambes, que maintenir l'activité de l'esprit sur un sujet donné en l'empêchant de s'exercer sur les objets importants qui lui rendent son énergie parce qu'ils lui rappellent sa dignité. »

ISBN : 978-1720692973

www.ingramcontent.com/pod-product-compliance
Lightning Source LLC
Chambersburg PA
CBHW070927220526
45468CB00005B/1689